여전히 교회를 사랑합니다

여전히 교회를 사랑합니다

지은이 | 윤창규
초판 발행 | 2025.7.31

등록번호 | 제 2022-000023호
펴낸이 | 이현걸
펴낸곳 | 미션앤컬처

주소 | 서울시 동작구 여의대방로 22길 121
전화 | 02-877-5613 / 010-3539-3613
팩스 | 02-877-5613
E-mail | missionlhg@naver.com

표지 그림 | 김지연
표지 및 내지 디자인 | 정영수
인쇄 | (주)한솔에이팩스

책 값은 뒤표지에 있습니다.
ISBN 979-11-993626-1-1

ⓒ 미션앤컬처 2025
무단 전재와 무단 복제, 무단 사용을 할 수 없습니다.

여전히
교회를
사랑합니다

꿈쟁이 윤창규 목사의 기도 편지

그리스도 안에서 함께 동역자 된
이보라 사모에게 이 책을 바칩니다.

목 차

프롤로그 • 11

제1부 주의 길을 함께 걷는 후배에게

첫 번째 편지	부르심이 멀게 느껴질 때 • 21	
두 번째 편지	숫자가 사람을 가릴 때 • 27	
세 번째 편지	사랑이 아플 때 • 33	
네 번째 편지	기도의 사막을 지날 때 • 39	
다섯 번째 편지	말씀이 메마를 때 • 45	
여섯 번째 편지	두 달란트가 부끄러울 때 • 51	
일곱 번째 편지	가족과 점점 멀어질 때 • 57	
여덟 번째 편지	교회를 떠나고 싶을 때 • 63	
아홉 번째 편지	갈 바를 알지 못할 때 • 69	
열 번째 편지	교회를 사랑하려 애쓸 때 • 75	
열한 번째 편지	생명이 아닌 상처를 심을 때 • 81	
열두 번째 편지	사랑이 없이 목회할 때 • 87	

목차

제2부 함께 교회로 지어진 성도에게

첫 번째 편지	당신 덕분입니다 • 94	
두 번째 편지	지켜준 그 자리를 잊지 않겠습니다 • 98	
세 번째 편지	그 겨울에도 믿음은 자랍니다 • 102	
네 번째 편지	목사도 사람입니다 • 105	
다섯 번째 편지	기도는 자녀의 마음에 닿습니다 • 108	
여섯 번째 편지	소리 없는 충성이 하늘을 울립니다 • 111	
일곱 번째 편지	소망은 아직 끝나지 않았습니다 • 114	
여덟 번째 편지	당신의 마지막은 주님의 시작입니다 • 117	
아홉 번째 편지	무대 뒤의 수고를 하나님은 보십니다 • 120	
열 번째 편지	어두울수록 당신은 더 빛납니다 • 123	
열한 번째 편지	멀어진 건 하나님이 아니었습니다 • 126	
열두 번째 편지	용서는 나를 위한 은혜입니다 • 129	

에필로그 • 135

부록 • 139

프롤로그

아직도 꿈꾸는 목사

"환자분! 지금 상태가 너무 심각합니다. 곧 죽을 수도 있는데 어떻게 그렇게 태연할 수 있습니까? 제가 방금 말씀드린 내용을 정확하게 이해하고 계신 거 맞나요?"

검사 결과를 조심스럽게 설명하던 의사 선생님은 나와 아내를 번갈아 바라보며 약간 짜증 섞인 말투로 물었습니다. 그럴 만도 했습니다. 대부분의 환자와 가족들은 혹시나 검사 결과가 나쁠까 걱정하며 의사의 말 한 마디, 작은 표정 하나까지 예민하게 살필 테니까요. 그런데 최악의 결과 앞에서도 담담하게 미소까지 머금고 있으니 죽음을 가볍게 여기는 사람으로 내비쳤을지도 모르겠습니다.

죽음, 솔직히 어느 누가 두렵지 않겠습니까? 그러나 막상 그 앞에 마주해 보니 죽음 자체보다도 하나님 앞에 섰을 때 후회가 남을까 봐 두려움이 더 크더군요.

저의 병명은 교모세포종, 뇌종양 중에서도 가장 악성이라 불리며 완치가 어렵고 치료 후에도 재발 우려가 높아 빠르면 6개월 길면 2년 살 수 있다는 병입니다. 병을 알게 된 건, 뜻밖에도 운전대를 잡았는데 제 차가 자꾸만 오른쪽으로 쏠리더니 결국에는 사고가 났습니다. 처음에는 대수롭지 않게 생각했지만 동네 병원에서 큰 병원으로 가봐야 할 것 같다는 의사 선생님의 소견을 듣고 아내와 함께 S병원으로 갔습니다.

병원으로 향하면서 뇌종양은 알겠는데 교모세포종은 도대체 뭐지 혼잣말을 중얼거렸습니다. 평소에 감기 한 번 걸리지 않을 정도로 건강했고 30년 넘게 나름 열정적으로 목회하고 있다고 자부했는데 말입니다. 참으로 충격적인 소식이었지만 그래도 입술에는 "하나님 감사합니다"는 고백이 흘러나왔습니다.

수술을 앞두고 후배 목사님이 찾아오겠다고 연락이 왔습니다. "그래 그러면 내가 김치찌개 한 솥 끓여놓을게요." 그런데 후배 목사님, 동료 목사님, 오랜 친구들이 저의 소식을 듣고 원근 각처에서 50명 넘게 모였습니다. 김치찌개는 갈비탕으로 바뀌었고 잡채와 해물파전까지 동네잔치가 열렸습니다.

제 병과 입원 일정을 알리고 함께 기도하는 시간을 가졌습니다. 동역자들이 간절한 마음으로 저를 위해 기도해주셨습니다. 히스기야처럼 15년만 생명을 더 연장해 달라고 눈물로 간구해 주셨습니다. 저 또한 하나님 앞에 간절한 마음을 토해냈습니다. "하나님! 허락하신다면 이 생명을 다시 복음의 도구로 사용해 주십시오."

감사하게도 수술은 잘 마쳤고 이제 6주간의 항암과 방사선 치료가 남았습니다. 그런데 놀랍게도 하나님은 그 시간 속에서도 저에게 '꿈'을 꾸게 하셨습니다.

"한국 교회를 살려야 한다. 목사가 살아야 교회가 산

다"는 꿈 말입니다.

윤창규, 저는 이름만 대면 누구나 알만한 목사가 아닙니다. 지금은 병마와 싸우며 내일을 장담할 수 없는 연약한 존재에 불과합니다. 그런데 그런 제 가슴에 하나님께서 다시 불을 지피셨습니다.

지금 한국 교회는 '영적 코드블루' 상태입니다. 세상을 향해 하나님의 말씀을 담대하게 선포해야 할 교회가 오히려 세상에 조롱과 근심이 되고 있습니다. 겉으로는 멀쩡해 보이지만 속으로는 심정지 상태에 가까운 것이 현실입니다. 지금이야말로 심폐소생술을 해야 할 마지막 골든타임이라고 생각합니다. 그래서 저는 다시 기도합니다.

"하나님, 저 같은 자도 사용하시겠습니까? 만일 그렇게 하신다면 기꺼이 순종하겠습니다."

많은 분들이 이구동성으로 말합니다. "한국 교회는 끝났다. 이미 망했다"고요. 그러나 하나님은 아직 한국 교회를 포기하지 않으셨습니다. 이 시간에도 하나님은 당신의 꿈을 꾸는 한 사람, 믿음의 한 사람을 찾고 계십니다. 죽음에서 다시 일어난 지금 저는 다시 꿈을 꿉니다. 이 책은 제 안에 있는 꿈을 나누기 위한 작은 몸부림이자 여전히 교회를 사랑하는 이 시대 남은 자들에게 남기는 사랑의 편지이고 기도입니다.

이 책은 3부로 구성되어 있습니다. 1부는 담임 목회 32년차 목사로서 지금도 같은 길을 걸어가고 있는 후배들에게 전하고 싶은 마음을 담은 편지입니다. 저 또한 젊은 날 목회 현장에서 넘어지고 낙심했던 날들, 기쁨과 눈물이 얽힌 날들이 있었기에 진심을 다해 저의 마음을 전하고 싶어 글로 남겼습니다.

2부는 한 교회를 섬기면서 함께 울고 웃었던 사랑하는 성도님들에게 보내는 영적 유서와도 같은 편지입니다. 목회자로서 인생의 선후배로서 가장 따뜻한 마음으로 전하고 싶은 위로와 격려를 글로 남겼습니다.

마지막 부록에는 저의 소식을 듣고 찾아온 동역자들과 성도들 그리고 이웃들이 보내온 격려 편지 중 일부를

담았습니다. 보내주신 편지는 저의 가슴을 울리는 기도의 고백이 되었고 제게 주어진 생명의 시간들을 더욱 귀하게 만들어 준 감사의 증언들이었습니다. 진심으로 감사드립니다.

이 책이 세상에 나오기까지 제 옆에서 오랜 시간을 대화하며 마르지 않는 샘과 같은 조언을 해준 후배 안동혁 목사님, 봉은희 집사님, 김은화 집사님, 미션앤컬처 이현걸 목사님, 사랑하는 아내 이보라 사모와 아들 다윗과 딸 슬기 그리고 나의 영광의 면류관인 선한이웃교회 성도님들께 깊은 감사를 드립니다.

끝으로 이 책을 펼칠 모든 분들이 세상에 보낸 그리스도의 향기로운 편지가 되기를 소망합니다.

2025. 7. 31
꿈쟁이 윤창규 목사

제 1 부

주의 길을 함께 걷는 후배에게

부르심은 흔들려도
부르신 이는
변하지 않습니다.

첫 번째 편지

부르심이 멀게 느껴질 때

자네를 뭐라고 불러야 좋을까?
스승과 제자라는 말은 나도 자네도 좀 어색하겠고
자네가 '선배님'이라고 부르니
나도 '후배님'이라고 부르겠네.
요즘 세상에서는 선후배라는 말이 조금은
낯설고 촌스럽게 들리기도 하지만
자네보다 몇 걸음 먼저 목회의 길을 걸어온
선배로서 이렇게 말을 건네네.

오늘 후배님은 어떤 마음으로 아침을 맞이했는가?
교인들이 보낸 문자에 답을 하다가
문득 한숨을 내쉬진 않았는가?
예배당 의자에 앉아 기도하려 했지만

어느새 천장을 멍하니 바라보진 않았는가?
사명이라는 단어가 어느새 은혜가 아니라
십자가처럼 느껴지진 않았는가?

나는 요즘 항암과 방사선 치료를 받고 있네.
암 수술 이후 시력도 나빠지고 체력도 예전 같지 않네.
그런데 참 이상하지 않은가?
체력은 점점 떨어지는 걸 느끼는데
마음은 오히려 불타고 있다네.
도대체 왜 그럴까?
나도 그 이유를 잘 몰랐는데 오늘 아침 기도 중에
이런 생각이 떠오르더군.
"너는 여전히 부름 받은 자다."

여전히 부름 받았다는 구절이 내 마음 깊은 곳에
뿌리를 내렸다네.
그렇지, 사명은 처음부터 내 것이 아니었지.
내가 선택한 길이 아니라 부르심에
이끌려 걷게 된 길이었으니까.
자네 또한 그렇지 않은가?

교인들이 박수칠 때는 자신감으로 넘쳤고
비난이 쏟아질 때는 모두 내려놓고 도망치고 싶었지만
그럼에도 자네는 오늘도 주님께서 부르신 그 모습 그대로
교회를 지키고자 이렇게 서 있지 않은가?
그것만으로도 하나님은 자네를 기뻐하신다네.

젊은 시절 나도 교회를 떠나고 싶었던
어두운 밤이 있었다네.
목회를 그만두고 싶었던 순간들이
밤하늘의 별처럼 셀 수도 없었지.
그럴 때마다 내 마음에 지워지지 않는 한 말씀이 있었네.

"내가 너를 지명하여 불렀나니 너는 내 것이라"
(사 43:1).

때로는 부담이었고 때로는 안식이었던 그 말씀이
30년 넘는 목회 여정 중에 나를 붙들어준
하나님의 손길이었네.

사랑하는 후배님!

흔들리고 있는 지금은 도망칠 때가 아니라
다시 주님의 음성에 귀 기울일 때라네.
자네 힘으로 사명을 붙잡으려 애쓰지 말게.
자네를 붙드시는 주님을 다시 바라보게.
부르심이 멀게 느껴져도 부르신 이는
언제나 가까이 계신다네.
이 편지를 읽는 자네 마음에 작은 불씨가 살아나길
오늘도 골방에서 자네의 이름을 부르며 기도하네.
"부르심은 흔들릴 수 있어도 부르신 이는
언제나 변함이 없습니다."

- 주님의 손에 붙들린 선배가

말씀과 기도

내가 너를 지명하여 불렀나니 너는 내 것이라
(사 43:1).

주님!
사명이 흔들릴 때가 있었습니다.
뜨거웠던 열정은 식고 길이 보이지 않을 때
그때마다 주님의 음성이 나를 붙들어 주셨습니다.
주님의 부르심을 따라서 다시 서게 하소서.
내 힘으로 붙든 것이 아니라 주님이 나를 불러주신
그 은혜를 기억하게 하소서.
오늘도 주의 길을 걷고 있는 모든 종들에게
위로와 용기를 허락하소서.
사명을 회복하는 그날까지 주의 손에서
떠나지 않게 하소서.
예수님의 이름으로 기도 드립니다. 아멘.

한 사람을
귀하게 여길 수 있다면
이미 당신은 주님의 마음을
닮은 목회자입니다.

두 번째 편지

숫자가 사람을 가릴 때

요즘 자네 마음이 무겁다는 이야기를 들었네.
교인들은 좀처럼 늘지 않고 헌금은 줄어들고
주일학교 아이들까지 하나 둘 보이지 않게 되면
"내가 뭘 잘못한 걸까?"
스스로 자책하며 밤잠을 설쳤겠지.
그 마음을 나 또한 잘 알고 있다네.

"숫자에 얽매이지 말라"는 말을
누구보다 자주 하지만
정작 현실에서는 숫자 앞에
가장 민감한 자리에 서 있는 사람이
바로 우리 목사이지 않은가?
주일 사역을 마치고 예배 참석자 수를

한 사람 한 사람 확인하고 있노라면
'언제부터 내 목회가 숫자로 환산되기 시작했을까' 하는
쓸쓸한 자조가 나도 모르게 밀려오더군.

오늘 드린 예배가 얼마나 은혜로웠는지 보다는
"오늘 몇 명이 예배당에 앉아 있었나?"를
생각하고 있는 나 자신이 부끄러웠던 날도 많았다네.

하지만 후배님!
숫자는 우리가 참고할 지표일 뿐
하나님께서 기뻐하시는
목회를 판단하는 기준은 아니라네.
예수님의 제자는 고작 12명이었고
그 가운데 배신자 가룟 유다도 있지 않았나.
하지만 그 작고 연약한 제자 공동체가
온 세상을 뒤흔드는 복음의 출발점이 되었지.

우리는 흔히 이렇게 기도하지 않는가?
"주님! 천하보다 귀한 한 영혼을 구원하게 하소서."
그런데 막상 한 사람밖에 오지 않는다면

낙심하는 것이 우리의 현실이지.
참으로 아이러니하네. 숫자에 가려 정작
한 사람의 소중함을 보지 못한다는 것 말일세.

나는 자네가 진심으로 '한 사람'을
귀하게 여길 줄 아는 목사가 되길 바라네.
만일 자네에게 맡겨진 그 한 사람이
하나님께서 맡기신 천하보다 귀한 영혼이라면
자네 설교는 하늘이 주목하는 강대상 위에서
드려지는 예배가 아닌가?
지금 자네 교회가 작고, 어쩌면 초라해 보일지라도
하나님께서는 자네를 귀히 여기시며
사랑으로 빚어 가는 중일세.
숫자는 기록에 남지만 사랑은
가슴에 깊이 새겨지는 법이니까.

그러니 후배님!
오늘도 한 사람을 위해 설교하고
한 영혼을 놓고 기도할 수 있다면
자네는 이미 주님의 마음을 닮은 목사라네.

힘들더라도 주님께서 맡기신 영혼들을 위해
오늘도 귀한 말씀을 준비해 보게.
그 한 사람이 바로 주님의 눈물로
세우신 교회일지도 모르니까.

- 숫자에서 자유롭기까지 오래 걸렸던 선배가

말씀과 기도

두세 사람이 내 이름으로 모인 곳에는
나도 그들 중에 있느니라(마 18:20).

주님!
한때 숫자에 눌려 지내며
비교와 자책 사이에서 헤매던
그 우울한 밤들을 기억합니다.
그러나 오늘 다시 고백합니다.
한 영혼의 가치를 보시는 주님의 시선으로
나도 다시 보게 하옵소서.
계산이 아닌 사랑으로 평가가 아닌 사명으로
오늘 내게 맡겨주신 그 한 사람 한 사람을
사랑으로 품게 하소서.
눈에 보이는 숫자를 넘어 하늘의 기쁨에
참여하는 목회자가 되게 하소서.
예수님의 이름으로 기도 드립니다. 아멘.

내가 받은 상처보다
내가 품은 사랑이
더 오래 남습니다.

세 번째 편지

사랑이 아플 때

후배님! 목회하면서 가장 힘들었던 일은 무엇이었나?
누군가 내게 이렇게 묻는다면 나는 망설이지 않고
'교인들을 사랑하다가 상처받은 일'이라고 대답할 걸세.

뜬 눈으로 보낸 수많은 날들.
그건 늘 가까운 이들에게서 받은 말 한 마디 때문이었지.
많은 시간 기도로 품었고 함께 울며 상담했던 교인이
내게 등을 돌리고 모함한다는 소리가 들려올 때
가슴이 찢어지듯 아팠다네.

자네도 지금 그런 시간을 보내고 있다지?
사랑으로 목양했던 교인들이 자네를 헐뜯고
사모와 자녀들까지 욕했다는 말에 울며 분노를 삼켰다지.

그런 일을 겪으면 어떤 사람이라도
이런 생각을 하게 되지.
"내가 왜 이 고생을 하지? 그냥 다 내려놓고 싶다."
그래, 나도 수없이 그런 생각을 했다네.

상처는 멀리 있는 사람에게서 오는 것이 아니라
늘 가까이 있는 사람에게서 오더군.
그래서 교인들은 나를 사랑하게도 하지만
아프게도 하는 존재인 것 같네.

하지만 후배님!
예수님도 그러지 않으셨던가?
가장 사랑하던 제자에게 배신당하고
가장 믿었던 제자에게 외면당하셨지.
수제자 베드로는 예수님을 세 번이나 부인했고
가롯 유다는 은 삼십에 선생님을 팔지 않았는가?
십자가의 고통만큼이나
사랑하는 제자들 때문에 받은 상처가
어쩌면 더 깊숙이 가슴 한 가운데를 찔렀을 것 같네.
그런데도 예수님은 그 상처를 안고

십자가에서 이렇게 말씀하지 않으셨는가?

"아버지 저들을 사하여 주옵소서"(눅 23:34).

나는 이 말씀 앞에 수도 없이 무너지고
다시 일어서기를 반복했다네.
"사랑은 기꺼이 상처받는 것을 선택하는 것이다."
이 한 구절을 가슴 깊이 새기며
오늘도 나는 다시 걷고 있다네.

후배님!
교인들이 상처처럼 다가올 때
그건 자네가 진심으로 사랑하고 있다는 증거라네.
사랑하지 않았다면 그렇게 아프지도 않았을 걸세.
예수님의 몸에도 사랑 때문에 생긴 상처들이
영광의 훈장처럼 남아 있지 않았는가?
그러니 상처받는 것이 두려워 멀리 물러나기보다
오히려 한 걸음 더 가까이 다가서는 사랑을 선택해 보게.
그리고 잊지 말게나.
자네가 받은 상처보다 자네가 품은 사랑이

훨씬 더 오래 남는다는 것을.
그 사랑이 언젠가 누군가의 생명을
다시 일으켜 세울 날이 올 걸 말일세.
지금은 몰라도 반드시 그 날은 온다네.

-교인들의 말 한 마디에 울고 웃었던 선배가

말씀과 기도

마지막으로 말하노니 너희가 다 마음을 같이하여
동정하며 형제를 사랑하며 불쌍히 여기며 겸손하며
악을 악으로, 욕을 욕으로 갚지 말고
도리어 복을 빌라 이를 위하여
너희가 부르심을 받았으니(벧전 3:8~9).

주님!
저는 교인들을 사랑하다가 상처를 받았고
그 상처에 눌려 마음이 메마른 날도 있었습니다.
그러나 오늘 예수님의 사랑 앞에 다시 무릎을 꿇습니다.
내가 받은 상처보다는 내가 품은 사랑이
더 오래도록 남게 하소서.
복수의 말 대신 사랑을,
비난의 손가락 대신 축복의 손을 내밀게 하소서.
상처를 피하려 하지 말고 그 상처 속에서
주님의 마음을 배우게 하소서.
상처받은 자리에서 더욱 깊은 사랑으로 목회하게 하소서.
예수님의 이름으로 기도 드립니다. 아멘.

말할 수 없는

침묵 속에서도

주님은

늘 함께 계십니다.

네 번째 편지

기도의 사막을 지날 때

사랑하는 후배님! 나도 너무 잘 알고 있네.
기도하려고 막상 무릎을 꿇었다가
아무런 말도 떠오르지 않아서
그냥 눈만 감았다가 일어선 날이 얼마나 많았는지를.
'항상 기도하라'는 말씀은 잘 알고 있지만
막상 기도하려고 하면
무엇을 기도해야 하는지 입이 다물어지고
낯선 고요만이 방 안을 가득 채우던 그 침묵의 시간들.
그 무력감과 좌절이 자네 마음을 어떻게 짓눌렀을지
나 역시 겪어봐서 그 외로움의 무게를 잘 알고 있다네.

나는 그 때를 '기도의 사막'이라고 부른다네.
은혜는 말라붙은 강바닥처럼 갈라지고

말씀은 메아리처럼 멀리서 울릴 뿐
마음에 와 닿지 않았지.
무릎은 꿇었지만 하나님은 마치
저 하늘 끝에 계신 듯 멀게만 느껴졌다네.
입술은 닫히고 마음은 마르니
그때는 하나님과 대화하기보다
혼잣말로 하나님께 시비를 걸게 되더군.
"하나님이 살아계시면 나에게 어떻게 이럴 수 있나요?"
"주님은 정말 내 기도를 듣고 계신 건가요?"

하지만 후배님!
나는 그 침묵의 시간을 힘겹게 지나고 나서야
비로소 깨달았다네.
기도는 내가 말할 수 있을 때만 드리는 것이 아니라
말이 막힌 그 시간에도 하나님 앞에
머무르는 것임을 말일세.

입술은 침묵할지라도
영혼은 여전히 그분을 찾고 있더군.
예수님도 겟세마네에서 그런 기도를 하시지 않았는가?

"내 아버지여 만일 할만하시거든 이 잔을
내게서 지나가게 하옵소서 그러나 나의 원대로
마옵시고 아버지의 원대로 하옵소서"(마 26:39).

예수님도 세 번이나 같은 말씀으로
피가 땀이 되도록 기도하셨지만
결국 그 기도의 응답은 '잔을 지나가게 하심'이 아니라
'잔을 마시게 하심'이지 않았는가?

그러니 후배님!
기도가 막히는 건 믿음의 실패가 아니라네.
오히려 주님께서 자네를 더 깊은 골방으로
부르시는 신호일 수 있다네.
아무 말 없이 그저 눈물만 맺히는 그 자리
그 침묵의 끝에서도 하나님은 여전히 자네 곁에 계시지.
말로 다 표현되지 않는 그 마음조차도
주님은 결코 흘려듣지 않으신다네.
그러니 스스로를 너무 자책하지 말게.
그 무기력마저도 있는 그대로 주님께 내어드려 보게.
기도가 다시 숨을 쉬던 날 나는 이렇게 속삭였다네.

"그 말 없던 침묵 속에서도 주님은 한 번도
나를 떠난 적 없으셨군요."

후배님!
지금 자네가 걷고 있는 이 '기도의 사막'이
어쩌면 하나님의 숨결에 가장 가까이 닿는
여정의 시작일지도 모르겠네.
은혜가 보이지 않을 때조차도
하나님은 자네를 더 깊은 자리로 이끄시고 계신 것일세.

- 기도의 사막에서 다시 걸어 나온 선배가

말씀과 기도

오직 성령이 말할 수 없는 탄식으로
우리를 위하여 친히 간구하시느니라(롬 8:26).

주님!
기도의 말조차 잃어버렸던 그 날들이 떠오릅니다.
하지만 그 침묵 속에서도 성령께서
기도하고 계심을 믿습니다.
기도가 막힌 순간에도 주님 앞에 머뭅니다.
기도의 사막을 걷고 있는 모든 분들에게
오늘도 함께하시는 주님을 경험하게 하소서.
예수님의 이름으로 기도 드립니다. 아멘.

설교자가 아닌

말씀이

능력입니다.

다섯 번째 편지

말씀이 메마를 때

너무 잘 준비한 설교였다네.
내용도 탄탄했고 목소리도 좋았고
예화와 적용도 흠잡을 데 없었다네.
그런데 강대상에서 내려오는 자네의 발끝에서
말로 설명할 수 없는 공허함이 묻어 있더군.
교인들은 "목사님, 은혜 많이 받았습니다"하며
인사를 건네지만
자네 마음 한 구석에는 설명되지 않는
텅 빈 바람만이 머물렀다고 했지.
자네가 보내온 그 짧은 문자에 나는 단번에 알아차렸네.
"아, 자네도 드디어 그 시기를 지나고 있구나."

설교 내용은 머릿속에 또렷하고,

말씀은 입안에서 맴도는데
정작 마음은 얼어붙은 채 강대상에 서 있었지.
준비는 완벽했지만 하나님이 너무 멀게만 느껴지는
그 막막한 공허함.
그건 이상한 일이 아니네.
진짜 말씀을 전하려는 설교자라면
누구나 한 번은 지나야 하는 밤이라네.
성령의 숨결이 느껴지지 않는 강대상에서
말씀은 선포되지만 소리는 메아리로만 남는 밤.
교인들의 눈빛도 하나님의 응답도 사라진 듯한 외로움.
그래 그건 단순한 무기력이 아니라
설교자의 깊은 밤이었지.

그러나 후배님!
나도 그런 밤을 지나면서 한 가지를 깊이 배웠다네.
말씀의 능력은 내 말에 있지 않고
말씀 자체에 있다는 것을 말일세.
설교자의 부족한 말에도 하나님의 말씀은
여전히 살아 역사한다는 것을 말이야.
예레미야도 그랬지.

백성들은 듣지 않았고 하나님은 침묵하셨지만
예레미야는 이렇게 고백했네.

"내가 다시는 여호와를 선포하지 아니하며
그의 이름으로 말하지 아니하리라 하면 나의 마음이
불붙는 것 같아서 골수에 사무치니
답답하여 견딜 수 없나이다"(렘 20:9).

말씀이 자네 안에서 불이 되지 않으면
그건 설교가 아니라 단지 낭독이 되고 만다네.

그러니 후배님!
말씀이 식었다 생각될 때는 원고를 다시 다듬기보다
말씀 앞에 무릎을 꿇을 시간이라네.
설교 문을 쓰기 전에 말씀을 먼저 받는 자가 되게나.
말씀을 전하기에 앞서 먼저 말씀 앞에
울 수 있길 바라네.
때로는 원고를 쓸 시간보다
하나님 앞에서 아파하는 시간이 먼저이더군.
그 눈물이 강단을 다시 데우고

그 말씀이 비록 서툴게 들릴지라도
성령께서 그 한 마디로도 누군가의 영혼을 살리시더군.

후배님!
자네가 떨리는 음성으로 더듬더듬 전한 그 말씀이
누군가의 마음속 깊이 감춰졌던 눈물을
닦아주고 있다는 것을
하나님은 누구보다 잘 알고 계신다네.
말이 서툴러도 음성이 흔들려도
하나님의 위로는 자네의 입술을 통해
흘러가고 있다네.

- 말씀을 다시 살아내고 싶은 선배가

말씀과 기도

여호와의 말씀이니라 내 말이 불같지 아니하냐
바위를 쳐서 부스러뜨리는 방망이 같지 아니하냐
(렘 23:29).

주님!
식어버린 강대상 앞에 서서
내 안에 말씀이 메말랐음을 고백합니다.
지식이 아닌 주님의 마음을 전하게 하시고
잘 다듬어진 원고가 아닌 생명을 나누는
말씀을 전하게 하소서.
내가 뜨겁지 않아도 주의 말씀은 꺼지지 않는 불입니다.
강단의 밤을 지나며 흔들리는 이 심령 위에
다시 말씀의 숨결을 불어넣어 주옵소서.
내 눈을 다시 뜨겁게 적시게 하시고
다시 그 한 사람을 향해
주님의 심정으로 설교하게 하소서.
예수님의 이름으로 기도 드립니다. 아멘.

하나님은
성공이 아니라
충성을 보시는 분입니다.

여섯 번째 편지

두 달란트가 부끄러울 때

페이스북이나 인스타그램을 보니
어떤 목사는 교회가 부흥했다고 자랑하고
몇 천 명이 모인 예배 사진을 올리기도 하지.
대형 교회 목사의 설교는 유튜브 조회 수가
순식간에 수만 회를 넘기고
출간하는 책마다 베스트셀러가 되고
방송에도 자주 나오지.
그런 모습을 보면 솔직히 부러운 마음이 드는 것도
당연하지 않겠나.
나도 그랬다네.
비교하지 않으려 할수록
비교란 놈은 어느 틈엔가 나의 마음 속 깊이 스며들어
조용히 나의 내면을 갉아먹곤 하지.

"나는 지금 뭘 하고 있는 걸까?"
"나는 왜 저만큼 못했을까?"
"혹시 나는 실패한 목사일까?"

후배님!
이런 생각들이 잘못된 것은 아니네.
우리 모두는 인정받고 싶고
하나님께 귀히 쓰임 받고 싶고
잘하고 있다는 말을 듣고 싶은 존재이니까.
그러나 꼭 기억하게나.
하나님의 사전에는 '성공한 목회자'라는 말이 없다네.
주님은 언제나 이렇게 말씀하셨지.

"잘하였도다 착하고 충성된 종아
네가 적은 일에 충성하였으매 내가 많은 것을
네게 맡기리니"(마 25:21).

하나님은 우리의 '성공'이 아니라
'충성'을 보시는 분이시네.
다섯 달란트를 남긴 종이나 두 달란트를 남긴 종이나

똑같은 칭찬을 들었지 않는가?
그것이 얼마나 감사하고 다행한 일인지 모른다네.
우리가 받은 부르심은 '비교의 자리'가 아니라
'맡겨진 것에 대한 충성의 자리'라는 것을 잊지 말게나.

어느 날인가 이렇게 기도했었지.
"주님, 왜 제게는 다섯 달란트를 주시지 않으셨습니까?"
그때 마음 깊은 곳에서 이런 음성이 들려왔다네.
"나는 네게 두 달란트를 맡겼다.
너는 그것에 충성했느냐?"
그날 이후 비교하는 대신 내게 맡겨진 사람들
맡겨진 사역에 더 마음을 쏟기로 결심했네.
비교는 내 시선을 '남'에게 향하게 하지만
사랑은 내 마음을 '지금 여기'에 붙들어두더군.

후배님!
소위 '성공한 목회자'들을 부러워하기보다
지금 자네를 바라보시는 하나님의 시선을
더 깊이 의식하길 바라네.
자네의 사역은 결코 작지 않네.

눈에 보이는 대단한 성과나 화려함은 없더라도
하나님께 순종하며 드린 오늘 하루의 충성이
하늘에서는 더욱 빛나는 열매가 되지 않겠는가?

자네는 하나님이 손수 지으신 걸작품이라네.
세상은 사람을 공장에서 찍어낸 상품처럼 취급하며
이리저리 비교하고 가성비를 따지지만
하나님은 자네만의 빛깔과 결을 귀하게 여기신다네.
그러니 하나님의 안목을 믿어보게나.
자네에게 맡겨진 사역은 자네를 믿고
맡기신 소중한 사역이라네.
작은 일과 큰 일을 누가 어떤 기준으로 정하는 것일까?
자네의 일은 쉽지 않기에 더욱 고귀한 부르심이네.
그러니 다른 교회와 비교하며 낙심하지 말고
눈을 들어 하나님 나라의 풍경을 다시 바라보게나.
그 나라를 위해 오늘도 자네가 서 있는 그 자리에서
감사로 충성을 다하길 바라네.
그것이 곧 주인의 기쁨이 되는 길이라네.

- 비교의 늪에서 빠져나오는 데 오래 걸린 선배가

말씀과 기도

사람이 마땅히 우리를 그리스도의 일꾼이요
하나님의 비밀을 맡은 자로 여길지어다
그리고 맡은 자들에게 구할 것은 충성이니라
(고전 4:1~2).

주님!
남과 비교하며 지쳤던 마음을 내려놓습니다.
성공이 아니라 충성을 기뻐하시는
주님의 시선을 바라봅니다.
내게 맡기신 자리가 작아 보여도
정성껏 사명을 감당하게 하소서.
다른 목회자의 길이 아닌 내게 주신 길을
감사함으로 걷게 하소서.
오늘의 충성이 하늘의 기쁨이 되게 하소서.
예수님의 이름으로 기도 드립니다. 아멘.

가족은
하나님께서
먼저 맡기신
교회입니다.

일곱 번째 편지

가족과 점점 멀어질 때

그날 자네와 나눈 대화가 아직도 마음에 남아 있네.
자네가 이렇게 말했지.
"목사이기 전에 남편이고 아빠인데
자꾸 그 순서를 잊어버리네요."
나는 그 말을 듣고 한동안 아무 말도 하지 못했네.
당연한 말이지만 사실 목회 현실에서는
너무 지키기 어려운 말이기도 하니까.

사랑하는 후배님!
가정을 돌본다는 것은 단지 시간을 내는 것이 아니라
가족에게 내 '마음'을 주는 일이더군.
목사는 늘 바쁘지 않은가?
설교 준비와 심방, 회의 참석에

행정적인 일, 거기에 경조사까지.
어쩌면 하루 24시간이 모자랄 정도지.
그러다 보면 가정은 뒤로 미뤄도 어쩔 수 없다는
자기합리화에 빠지게 되지.
하지만 나도 나중에야 깨닫게 되었다네.
가장 먼저 무너지는 것은 언제나
'가정'이라는 것을 말일세.
한 번은 아내가 울면서 말하더군.
"우리 가족은 교인들보다 덜 소중한 존재인가요?
가족은 교인이 아닌가요?"
그 말이 내겐 꽤나 충격이었네.
나는 이렇게 생각했다네.
"교회 일에 충성하면 하나님이 우리 가정은
알아서 지켜주실 거라고."
나는 가족을 항상 사랑하고 있다고 생각했지만
가족들은 사랑받고 있지 않다는 외로움에 울고 있었네.

후배님!
교회를 위해 가정을 희생하는 것은 믿음도 아니고
헌신도 아니라네.

성경은 분명하게 말씀하고 있지 않는가?

"사람이 자기 집을 다스릴 줄 알지 못하면
어찌 하나님의 교회를 돌보리요"(딤전 3:5).

가정을 돌보는 일은 목사의 자격 조건이 아니라
목회의 본질이라네.
목사에게 먼저 맡긴 교회는 '가정'이라는 말일세.
그 가정을 허물고 다른 교회를 세우려 한다면
그건 결국 모래 위에 짓는 집일뿐이지.

자녀들이 성장해서 기억하는 것이
"우리 아빠는 언제나 바빴어"라면
그 바쁨은 자랑이 아니라 상처로 남을 수 있다네.
"바쁜 아빠는 나쁜 아빠 아닌가?"

나도 뒤늦게야 그 말에 고개를 끄덕였다네.
가족들에게 시간만 내는 것이 아니라 마음도 내어 주게나.
함께 걷고 함께 웃고 함께 예배드린 기억들이
자녀들의 신앙을 깊게 만들어 줄 걸세.

후배님!
가정은 교회 사역의 방해물이 아니라
하나님께서 붙드시려 준비하신 은혜의 울타리라네.
아내와 자녀들은 짐이 아니라 주님이 주신 선물일세.
가정을 잃고 교회를 세우는 것이 아니라
가정을 살리며 교회를 세우는 그 길을
우리 함께 걸어가세.
쉽지는 않겠지만 반드시 가야 할 길이라네.

- 너무 늦기 전에 돌아본 가정에서 회복된 선배가

말씀과 기도

곧 너와 네 아들과 네 손자들이 평생에
네 하나님 여호와를 경외하며 내가 너희에게 명한
그 모든 규례와 명령을 지키게 하기 위한 것이며
또 네 날을 장구하게 하기 위한 것이라(신 6:2).

주님!
목사로서 교회를 돌보다가
가정을 놓쳐버리는 어리석음을 범하지 않게 하소서.
가정은 사역의 적이 아니라
하나님이 먼저 맡기신 교회임을 잊지 않게 하소서.
아내를 사랑으로 품고
자녀들과 예배드리는 하루하루가
가장 깊은 복음의 씨앗이 되게 하소서.
가정을 통해 하나님의 마음을 배우는 목사가
되게 하소서.
예수님의 이름으로 기도 드립니다. 아멘.

그만두고 싶은 그날이
주님 앞에 다시
엎드릴 날입니다.

여덟 번째 편지

교회를 떠나고 싶을 때

"목사님, 요즘 진지하게 교회를 떠나고 싶다는
마음이 듭니다."
그날 커피숍에서 목사님들과 대화를 나누던 중
자네가 조심스럽게 꺼낸 그 말을 듣고서
나는 손에 들고 있던 커피 잔을 조용히 내려놓았네.
그 한 마디를 하기까지 자네가 얼마나 고민했을지
얼마나 지치고 아팠을지 말하지 않아도 느껴졌기에
나는 선뜻 힘내라는 말조차도 할 수 없었네.
사실 나도 그런 적이 있었다네.
마음속으로 사직서를 수십 번을 더 썼던 것 같네.
정말 교회를 떠나고 싶던 날들이 있었지.
몸은 지치고 마음은 무너지고 누구 하나 내 편은 없고
교인들도 하나님도 멀게만 느껴지던 날들.

그럴 때 이런 기도가 나왔지.
"주님! 교회를 사랑하라 하셨지만
저는 지금 교회가 싫습니다."
참으로 부끄러운 고백이었지.

그런데 후배님!
그런 기도를 들으신 주님은 나를 정죄하지 않으셨네.
오히려 조용히 이렇게 말씀하시는 듯했지.
"나도 교회를 사랑하다가 십자가에서 피를 흘렸단다.
내가 피로 세운 교회는 때때로 너를 아프게 하겠지만
그 아픔을 통과하면서 너도 나처럼 교회를
더 사랑하게 될 것이다."

그 응답을 마음에 품고 다시 강단에 섰을 때
기적은 일어나지 않았네.
사람은 그대로였고 상황도 나아지지 않았고
교회는 여전히 어려웠지.
그런데 한 가지는 분명히 달라졌네.
내 시선이 다시 하나님을 바라보게 되었다네.
교회를 떠나고 싶은 날은 사실 주님 앞에

더 가까이 나아가야 하는 날이더군.
교인들에게 받은 상처가 클수록 하나님 앞에 나아가
마음을 다 토해 놓게나. 도망치듯 떠나기보다
눈물로 엎드린 자리에서 다시 시작할 수 있다네.

그리고 후배님!
교회를 떠나고 싶은 마음이 드는 것은
그만큼 진실하게 목회하고 있다는 증거라네.
진짜 영혼을 돌보고 싶은 갈망이 있기에
아픔도 더 큰 거지.
그러니 오늘은 떠나지 말고 잠시 멈추어
주님 앞에 다시 서 보게.
눈물도 예배가 되도록, 고백도 기도가 되도록.
그 마음을 주님은 다 알고 계신다네.
그리고 반드시 자네를 다시 붙드실 걸세.
마음이 무너질 때 밥은 내가 살 테니
언제든 연락하게.

- 교회를 떠나고 싶었던 그날 더 깊이 교회를 품게 된 선배가

말씀과 기도

또 내가 네게 이르노니 너는 베드로라
내가 이 반석 위에 내 교회를 세우리니
음부의 권세가 이기지 못하리라(마 16:18).

주님!
교회를 떠나고 싶던 그날
저는 눈물로 엎드릴 수밖에 없었습니다.
교회가 싫다는 고백조차도 외면하지
않으시는 주님 감사합니다.
눈물로 드린 고백도
예배가 되게 하시고
무너진 마음 위에
다시 주님의 교회를 세워 주소서.
사랑하게 하소서.
끝까지 품게 하소서.
떠나지 않고 다시 서게 하소서.
예수님의 이름으로 기도 드립니다. 아멘.

주님께서

피로 세우신

교회를

끝까지

사랑하라.

아홉 번째 편지

갈 바를 알지 못할 때

자네는 오늘 하루를 시작하며
이 질문 앞에 괴로워하는군.
"이 길이 정말 맞는 걸까?"
밤새워 설교를 준비했는데도
교인들의 반응은 시원치 않고
기도로 계획했던 일들은 자꾸만 벽에 부딪히고
그저 버텨내는 하루하루가 이어질 때면
그 질문은 자꾸 가슴을 깊이 파고들지.

하지만 후배님!
그 질문을 던졌다고 해서 자네의 믿음이 약한 것도
사명이 흔들린 것도 아니네.
오히려 그 질문을 품고 있는 자야말로

하나님의 뜻을 진지하게 따라가려는 자의 모습이라네.
나도 그랬다네. 수없이 되물었지.
"주님! 이 길이 정말 맞습니까?
지금 제가 잘 가고 있는 건가요?"
그때마다 하늘로부터 음성은 들리진 않았지만
성경 말씀에서 조용히 나를 붙들었던 한 장면이 있었네.
바로 아브라함이 갈 바를 알지 못한 채 말씀을 따라
떠났던 그 장면 말일세.

"믿음으로 아브라함은 부르심을 받았을 때에
순종하여 장래의 유업으로 받을 땅에 나아갈새
갈 바를 알지 못하고 나아갔으며"(히 11:8).

갈 바를 알지 못하고 나아갔다는 그 말씀에서
나는 큰 위로를 받았다네.
언제나 믿음의 길은 불확실한 길이었고
하나님의 사람들은 늘 그 질문을 품은 채 걸어갔지.
중요한 것은 길을 다 아는 것이 아니라
그 길 위를 누구와 함께 걷느냐는 것이더군.
우리는 정답을 따르는 사람들이 아니라

주님을 따르는 제자들이라네.

그러니 후배님!
만약 이 길이 아니라면 하나님께서 반드시 막으실 걸세.
하지만 오늘도 그 길을 걷고 있다면
그 자체로 하나님의 인도하심이라고 믿게.
흔들리는 길 위에서 말씀 한 구절 기도 한 마디
함께 걷는 교인들의 눈물과 웃음이
자네를 다시 붙들어 줄 걸세.
자네는 지금 옳은 길을 걷고 있는 중이라네.
다만 그 길이 '쉬운 길'이 아닐 뿐이지.

- 수없이 돌아보고 또 걸으며 여기까지 온 선배가

말씀과 기도

너는 마음을 다하여 여호와를 신뢰하고
네 명철을 의지하지 말라 너는 범사에 그를 인정하라
그리하면 네 길을 지도하시리라(잠 3:5~6).

주님!
앞이 보이지 않는 이 길 위에서
혼자가 아님을 깨닫게 하소서.
갈 바를 알지 못할 때도 우리를 부르신 주님을
신뢰하게 하시고
오늘도 묵묵히 걸어갈 힘을 주소서.
의심을 지나 믿음으로 망설임을 지나
순종의 길로 나아가게 하소서.
예수님의 이름으로 기도 드립니다. 아멘.

끝까지
교회를 사랑하라.
주님께서
피로 세우신
교회입니다.

열 번째 편지

교회를 사랑하려 애쓸 때

자네는 지금까지 얼마나 많은 날들을 교회 때문에 울고
교회 때문에 지치고 교회 때문에 낙심했는가?
그럼에도 불구하고
오늘도 자네는 다시 주일을 준비하며
말씀을 붙잡고 기도하며
'그래도 교회를 사랑하고 싶다'는 마음으로
하루를 시작했겠지.

후배님!
그 마음이면 충분하다네.
사랑하고 싶은 그 마음
그것이 바로 주님이 지금도 자네 안에서
일하고 계신 증거라네.

교회는 때로 아프게 하고, 때로 실망을 주고
너무 인간적이라
'이게 정말 주님의 몸인가?' 싶을 때도 있지.
하지만 나는 지금 병마와 힘겹게 싸우며
다시 한 번 이 고백을 드린다네.
"그래도 나는 여전히 교회를 사랑합니다."

왜냐고?
교회가 완전해서가 아니라 주님께서
피 흘려 세우신 공동체이기 때문이라네.
예수님은 교회를 위해 자신을 내어주셨고
그 몸된 교회를 통해 지금도 깨어진 세상을
회복하고 계시지.
우리는 목사로서 그분의 몸을 섬길 수 있는 사명을
받은 자들이라네.
실망이 깊어질수록 사랑은 더 깊어질 수 있고
포기하고 싶을수록 나를 붙드시는 그분의 은혜는
더욱 분명해진다네.

후배님!
교회를 사랑한다는 것은
결국 사람을 사랑하는 일이더군.
흠 많고 모난 이들, 때로는 원망스럽고
이해되지 않는 교인들,
그들을 주님이 하신 것처럼 품는 것 그것이 곧
교회를 사랑하는 길이네.
나는 목회의 결승선을 바라보지만
자네는 이제 출발선을 막 지난 것 아닌가?
그래서 바통을 넘기듯 이 말을 꼭 자네에게 해주고 싶네.
"그래도 교회를 사랑하라고."
사람 때문이 아니라 주님께서 눈물과
피로 세운 교회이기에.
그 교회를 지키고 세우고 품어내는 목사.
지금 이 땅에는 그런 목회자가 여전히 필요하다네.
그리고 자네라면 할 수 있다고 나는 믿네.
왜냐하면 자네는
아직도 교회를 사랑하고 싶어 하니까.

- 교회를 더 많이 사랑하고픈 선배가

말씀과 기도

남편들아 아내 사랑하기를 그리스도께서
교회를 사랑하시고 그 교회를 위하여
자신을 주심 같이 하라(엡 5:25).

주님!
모순투성이인 연약한 교회를 바라보며
그래도 사랑하고 싶은 이 마음을 주셔서 감사합니다.
완전하지 않아도 그 속에 주님의 영광이
머물고 있음을 믿습니다.
눈물로라도 교회를 품게 하시고
끝까지 사랑하게 하소서.
교회를 통해 주님의 십자가 사랑을 살아내게 하소서.
예수님의 이름으로 기도 드립니다. 아멘.

말은 씨앗입니다.
목사는 생명의
말을 심는 사람입니다.

열한 번째 편지

생명이 아닌 상처를 심을 때

자네 설교를 들은 한 교인이
"목사님 말 한 마디에 살 것 같았어요"라고
고백했다는 이야기를 들었네.
나는 그 말이 단순한 칭찬이 아니라
'목사의 말이 곧 생명'이라는 사실을
일깨워주는 일이라고 느꼈네.

후배님!
말은 공기가 아니네.
말은 흔적 없이 사라지는 소리가 아니네.
말은 누군가를 살릴 수도 또
누군가를 병들게 할 수도 있지.

말은 씨앗이네.
그 말이 사람의 마음 밭에 심기면
어떤 것은 생명을 싹 틔우고
어떤 것은 상처의 가시가 되어 자라기도 하더군.
특히 목사는 말로 사역하는 사람이네.
설교뿐만 아니라 상담, 식사, 회의 자리,
심지어 가정에서도 우리의 말은 누군가의 마음에
큰 영향을 주지.
어느 날 이런 질문을 나 스스로에게 던졌네.
"나는 지금 생명을 심고 있는가
아니면 마음을 찌르고 있는가?"
성경은 이렇게 경고하고 있지 않는가?

"죽고 사는 것이 혀의 힘에 달렸나니 혀를 쓰기 좋아하는 자는 혀의 열매를 먹으리라"(잠 18:21).

말을 잘하는 사람은 많지만
말에 책임지는 사람은 많지 않네.
젊은 시절에는 멋지고 정확한 말을 하고 싶었지만
시간이 흐를수록 나는 이렇게 기도하게 되었지.

"느려도 좋으니 생명을 살리는 말을 하게 하소서."
그러니 후배님!
교인들을 야단치고 싶을 때도
장로님의 말에 상처받을 때도
자녀들이 속을 썩일 때도
그때마다 우리 입술에서 나오는 말이
예수님의 마음을 담고 있는지 돌아봐야 하네.
내뱉은 말은 다시 담을 수 없으니
특히 자신에게 하는 말도 조심해야 하네.
"난 안 돼, 난 실패했어, 이젠 끝이야."
이런 말들이 내 마음을 갉아먹고 무너뜨린다네.
그러니 이렇게 말해 보게.
"나는 하나님의 사랑받은 사람이야, 주님은 아직 나를 통해 일하고 계셔, 오늘도 나는 생명을 심는 사람이야."

나는 지금도 기억하네.
나 또한 인생의 내리막길을 걸을 때
선배 목사님이 내게 말해주었지.
"하나님은 목사님을 절대로 포기하지 않으세요."
그 한 마디에 나는 살았다네.

이제는 자네가 그 말을
또 다른 후배에게 전해줄 차례네.
말로 생명을 일으키는 목회자
그게 진짜 '생명 목회자'라네.

- 말의 무게를 뒤늦게 배운 선배가

말씀과 기도

무릇 더러운 말은 너희 입 밖에도 내지 말고
오직 덕을 세우는 데 소용되는 대로 선한 말을 하여
듣는 자들에게 은혜를 끼치게 하라(엡 4:29).

주님!
제 입술에 파수꾼을 세워 주소서.
판단보다 위로를 정죄보다 회복을 말하게 하소서.
무너진 이에게 생명을 심고,
지친 이에게 희망을 전하는 살리는 언어,
십자가 언어를 제게 허락하소서.
오늘도 주님의 마음을
말로 전하는 목회자 되게 하소서.
예수님의 이름으로 기도 드립니다. 아멘.

사랑이
목회의
처음이자
마지막입니다.

열두 번째 편지

사랑이 없이 목회할 때

목회를 뭐라고 말해야 할까?
사역이란 무엇이며 우리는 왜 이 길을 걷고 있는 걸까?
이 질문에 나는 평생 답을 찾아왔고
이제야 조심스럽게 말할 수 있을 것 같네.
사랑이 없는 사역은 아무것도 아니라는 것을 말일세.

목회를 하다 보면 자연스럽게 요령이 생기고
설교는 점점 세련되어지고 사람들을
대하는 태도도 노련해지지.
그런데 어느 날 문득
'내 안에 사랑이 식었구나' 하는 두려움이
밀려올 때가 있더라고.
그건 사역의 실패보다 훨씬 더 무서운 일이지.

하나님을 사랑한다고 말하면서
기도는 건조해지고 말씀은 기술이 되고
교인들을 사랑한다고 말하면서도
사람을 하나의 '사역의 대상'으로 대할 때
그건 우리가 처음 주님 앞에 섰던
그 떨림을 잃어버렸다는 뜻이라네.
성경은 분명히 말씀하고 있지 않은가?

"사랑이 없으면 내가 아무 것도 아니요"(고전 13:1~2).

사랑 없는 설교는 소음이고
사랑 없는 목양은 관리이고
사랑 없는 열심은 결국 자기만족과 자랑일 뿐이라네.

나는 이제서야 깨달았네.
목회는 기술이 아니라 사랑의 예술이라는 것을 말일세.
좋은 설교도 탁월한 계획도
결국 '사람을 사랑하고 있는가?' 하는 질문 앞에
서야만 하더군.

그러니 후배님!
하나님 사랑은 기도의 시간을 채우는 것이 아니라
하나님 앞에서 정직해지는 것이고
이웃 사랑은 선행에 앞서 먼저 누군가를
마음에 품고 공감하는 태도라네.
나는 이제 인생의 끝자락에서 주님께
무엇을 드릴 수 있을까 생각해 보았네.
돈도, 건강도, 영향력도 아닌 사랑.
결국 '사랑' 하나만 남더군.

자네는 교인들 앞에 서기 전에
먼저 주님 앞에 무릎을 꿇는 사람인가?
그 자세를 절대 잃지 말게.
사람에게 박수 받는 것보다
주님 앞에서 사랑받는 자로 남는 것이 훨씬 중요하다네.
사역이 힘들어지고 목표가 흐려질 때
자신에게 이렇게 물어보게.
"나는 지금 하나님을 사랑하고 있는가,
교인들을 사랑하고 있는가?"
그 질문이면 충분하네.

사랑이 처음이고 마지막이니 끝까지 사랑하며
목회하게나.
그게 목사의 정체성이요 복음의 본질이라네.
우리는 여전히 교회를
사랑할 수밖에 없는 사람들 아닌가?

- 여전히 교회 사랑으로 미친 선배가

말씀과 기도

예수께서 이르시되 네 마음을 다하고 목숨을 다하고
뜻을 다하여 주 너의 하나님을 사랑하라 하셨으니
이것이 첫째 되는 계명이요 둘째도 그와 같으니
네 이웃을 네 자신 같이 사랑하라 하셨으니
이 두 계명이 온 율법과 선지자의 강령이니라
(마 22:37~40).

주님!
목회의 중심에 사랑이 있게 하소서.
하나님을 향한 순전한 사랑,
교인을 향한 참된 긍휼이
사역의 본질이 되게 하소서.
기억보다 사랑이
기술보다 눈물이
하나님의 뜻을 이루게 하소서.
예수님의 이름으로 기도 드립니다. 아멘.

제 2 부

함께 교회로 지어진 성도에게

첫 번째 편지

당신 덕분입니다

목사가 되기 위해서는 신학교 졸업장도
안수식도 목회 철학과 계획도 필요하지만
진짜 목회자를 만드는 건
결국 '성도'라는 사실을 저는 이제야 깨닫습니다.

강대상에 처음 섰던 날
원고를 잡은 제 손이 떨리는 것을 숨길 수 없었지만
설교를 마치고 내려온 저에게
"오늘 말씀이 제게 큰 위로가 되었어요"라며
눈을 맞춰주셨던 권사님을 저는 지금도 기억합니다.
예배 인도 중 실수하고 내려왔을 때도
"목사님 괜찮아요, 저희도 다 실수합니다"하며
등을 토닥여 주시던 장로님의 따뜻한 손길을

지금도 기억합니다.
사역에 지쳐 있던 어느 날
아무 말 없이 캔 커피 하나를
손에 쥐어주시던 집사님.
저희 아이들 이름을 불러가며
새벽마다 기도해주신 성도님.
그 모든 순간이 저를 목사로 자라게 한
영양분이었습니다.

목사는 절대 혼자서 목사가 될 수 없습니다.
교회도 성도 없이 존재할 수 없습니다.
하지만 우리는 이 명백한 사실을
가끔 아니 자주 잊고 살아갑니다.
목사가 앞에서 설교하고
성도는 뒤에서 따르는 듯 보이지만
사실 목사는 교인들의 기도와 눈물,
인내와 헌신 위에 서 있습니다.

사랑하는 성도님!
여러분은 주일마다 자리를 채우는

'방청객'이 아니었습니다.
여러분은 저의 사역을 함께 짊어진 동역자였고
하나님께서 제게 보내주신 신실한 교사였습니다.
지금 이 글을 읽으면서
"저는 그냥 평범한 성도일 뿐입니다"라고
생각하실지 모르겠습니다.
언제나 조용히 이름 없이 빛도 없이 섬기던 자리에서
묵묵히 교회를 지켜주시던 분이 바로 당신이었습니다.
그리고 저는 당신 덕분에 지금까지 목회의 길을
걸어올 수 있었습니다.
당신들의 사랑과 헌신이 있었기에
우리 교회도 지금까지 든든히 세워져 온 것입니다.

병마와 싸우고 있는 지금
저는 제 목회 인생의 성과보다
한 사람 한 사람의 얼굴을 떠올리며 기도합니다.
그 눈물 어린 사랑과 헌신
그리고 따뜻한 말 한 마디가
하늘의 책에 조용히 기록되어
결코 잊히지 않기를 말입니다.

그 모든 흔적이 하나님 앞에 아름다운 향기로
남기를 말입니다.
그러니 성도님!
부디 스스로를 이렇게 불러주시기 바랍니다.
"나는 목사님과 함께 주님의 거룩한 교회를
함께 세워 온 사람입니다."

- 나를 목사 되게 한 성도 한 분 한 분의
  헌신을 기억하는 목사가

두 번째 편지

지켜준 그 자리를
잊지 않겠습니다

"교회가 너무 힘들어요."
이 말은 성도들의 입술에서 나오는 공통된 탄식입니다.
어떤 성도는 담임목사의 무심한 말투에 마음이 다쳤고
어떤 성도는 장로님의 권위적인 태도에 지쳤으며
어떤 성도는 교회 안에서
다툼과 분열의 모습을 보며 실망했고
어떤 성도는 교우들과의 관계가 어렵다고 고백합니다.
저도 압니다. 목사는 눈빛으로도
성도들의 힘듦을 거의 느낍니다.
왜 교회생활이 이렇게 힘들까요?
교회는 아직 천국이 아니기 때문입니다.
교회는 여전히 천국을 소망하며
이 땅을 살아가는 불완전한 사람들이

공동체로 모여 있는 것입니다.
그래서 때로는 실망하고 싸우기도 하지요.

하지만 성도님!
교회가 힘들다고 교회를 떠나는 것만이
정답은 아닙니다.
그 힘든 교회를 위해 오늘도 무릎 꿇는 누군가가 있고
그 힘든 교회를 조용히 짊어지고
가는 누군가가 있습니다.
그 누군가가 바로 당신이었습니다.
묵묵히 조용히 이름 없이 누가 알아주지 않아도.
바로 당신이 그 자리를 지켜주었고
당신 같은 분이 계셨기에 우리 교회가
여기까지 올 수 있었습니다.

성경 속에 나오는 교회들도 그리 다르지 않았습니다.
고린도교회는 분열했고
갈라디아교회는 복음을 왜곡했고
데살로니가교회는 종말론에 빠져 현실을 외면했습니다.
그럼에도 하나님은 그 교회들을 한 번도

포기하지 않으셨습니다.
왜일까요?
교회는 건물도 조직도 아닙니다.
교회는 사람이고
그 사람들은 하나님을 아버지로 부르는
주님의 자녀이기 때문입니다.

성도님!
'교회가 힘들다'는 고백은
정죄 받아야 할 말이 아닙니다.
오히려 당신이 교회를 진심으로 사랑해서
그런 것입니다.
사랑하지 않았다면 아프지도 않았을 테니까요.
간곡히 부탁드립니다.
교회를 떠나기 전에 단 한 번만 더 무릎 꿇고
기도해 보십시오.
그 기도가 지쳐 있는 누군가를 붙들고
낙심한 목회자를 일으키며
무너져가는 교회를 다시 세우는
작은 불씨가 되기도 합니다.

저는 이 밤에 제가 섬겼던 교회들을
하나씩 떠올려 봅니다.
그 안에서 지쳐 떠났던 이들의 이름도 기억하고
끝까지 자리를 지킨 이들의 얼굴도 생각납니다.
그리고 이런 고백을 합니다.
"남아 있는 사람이 교회를 만듭니다."

성도님!
당신의 상처를 저는 압니다.
그러나 그 상처보다 더 강한 당신의
믿음을 저는 믿습니다.
그러니 부디 포기하지 마십시오.
당신은 여전히 주의 몸된 교회입니다.
그리고 그 교회를 통해 주님은
지금도 당신을 빚어가고 계십니다.

- 지쳐 떠난 이들을 기억하며 눈물로 기도하는 목사가

세 번째 편지

그 겨울에도
믿음은 자랍니다

"요즘은 예배를 드려도 은혜가 안 돼요."
"기도하려 해도 입이 안 열려요."
"하나님이 너무 멀게 느껴져요."
저는 이런 말을 수도 없이 듣습니다.
그리고 저 역시도 수없이 겪었습니다.
신앙은 언제나 불꽃처럼 타오르지 않습니다.
어느 누구에게나 식어지는 계절은 찾아옵니다.
그건 믿음이 없어서가 아니라
믿음으로 현실을 견디려는 사람에게
찾아오는 깊은 저항이기도 합니다.
불이 꺼진 것 같은 그 순간
하나님은 속을 들여다보게 하십니다.

"그 불씨가 아직 살아 있는가?"
은혜는 사라진 것 같고
기도는 메마른 강바닥처럼 느껴질지라도
그 시간은 우리 믿음의 뿌리가
깊어지는 시간일 수 있습니다.

사랑하는 성도님!
신앙이 식어가는 이 시기를 죄책감으로 채우지 마세요.
오히려 하나님께 더 가까이 가는
유익한 시간일 수도 있습니다.
예배당 의자에 앉아 있지만 마음은 멀게만 느껴지고
성경은 펴지만 말씀은 허공에 흩어질 때
그때는 억지로 무엇을 하려 하기보다
하나님 앞에 그냥 머무는 법을 배워야 할 때입니다.
신앙의 겨울.
열매도 없고 꽃도 없고 가지마다 앙상한 계절.
그러나 잊지 마십시오.
겨울을 지나야 뿌리는 깊어지고
다음 계절의 열매는 풍성해짐을 말입니다.

성도님!
지금 당신의 믿음이 사라진 것이 아니라
하나님께서 당신을 더 깊이 뿌리내리도록
가지를 치는 중일지도 모릅니다.
그러니 너무 조급해하지 마세요.
그 누구보다도 하나님이
당신의 마음을 가장 잘 아십니다.
지금도 하나님께서는 당신 곁에서 묵묵히
이렇게 말씀하고 계십니다.
"내가 지금 너와 함께 여기 있다."
그러니 오늘 할 수 있다면 짧게라도
이렇게 기도해 보세요.
"주님! 오늘도 주님 곁에 있고 싶어요."
그 한 마디면 충분합니다. 정말입니다.
하나님은 우리의 속삭임을
한 편의 찬송처럼 들으십니다.

- 믿음이 식어가던 시절 다시 은혜를 배운 목사가

네 번째 편지

목사도 사람입니다

"목사님이 왜 저런 말씀을 하실까?"
"그건 좀 아닌 것 같아."
"왜 우리 마음을 잘 몰라주실까?"
그런 속삭임들이 들려올 때 저는 알면서도
모른 척 했습니다.
그리고 조용히 돌아서서 수없이 자책했습니다.
밤잠을 뒤척이며
'나는 과연 목사로서 자격이 있는가?'
스스로를 물었던 날도 참 많았습니다.

사랑하는 성도님!
이 말씀부터 먼저 드리고 싶습니다.
목사도 사람입니다.

그것도 깨지기 쉬운 연약한 사람입니다.
그래서 실수하고 자주 넘어집니다.
사람이라서 때로는 감정을 다스리지 못하기도 합니다.
혹여나 마음에 쌓아두었던 서운함이 있으시다면
이 편지를 통해 그 마음이 조금이라도
풀어지기를 바랍니다.

저도 늘 옳았던 사람은 아닙니다.
더 조심했어야 했고 더 잘 들었어야 했고
더 참고 견디며 사랑의 본을 보였어야 했습니다.
그런데 그렇게 하지 못했습니다.
목사도 사람입니다.
강대상에서는 강해 보여도
그 자리에서 내려오면 누구보다 연약한 사람입니다.
성도들이 던지는 한 마디 말에도 차가운 눈빛에도
며칠 밤을 잠 못 이루기도 했습니다.

그러니 성도님!
"목사님이 이해되지 않는다"는 말은
이제 그만 멈춰 주시고

대신 기도해주실 수 있을까요?
"하나님! 우리 목사님을 주님의 손으로
더 강하게 붙들어 주세요."
그 한 마디면 목사는 다시 힘을 얻습니다.
그 기도면 다시 사랑할 용기가 생깁니다.
지금 이 순간에도
저는 지난 목회의 순간들을 돌아보며
이런 고백을 합니다.
"그때 좀 더 겸손했어야 했는데,
그 말은 하지 말았어야 했는데."
그래서 지금 이 시간에도 이 말씀을 드리고 싶습니다.
"제가 부족했습니다. 용서해 주세요."
저의 말이나 행동이 걸림돌이 되었다면
그 어떤 것이든 진심으로 사과드립니다.
그리고 마지막으로 부탁드립니다.
부족한 저를 위해 기도해주십시오.
성도들의 기도만이 목사를 목사 되게 합니다.

- 여전히 성도들의 기도가 필요한 목사가

다섯 번째 편지

기도는 자녀의
마음에 닿습니다

"우리 아이가 대학에 들어가면
교회를 떠날까 봐 두렵습니다."
"신앙 얘기 꺼내는 것조차 불편해졌어요."
"기도는 하는데 아이들 마음이
점점 멀어지는 것 같아요."
이 말들 속에 담긴 애타는 마음을
저도 뼛속 깊이 공감합니다.
목사인 저조차도
예배 중에 핸드폰을 만지작거리는
아이들을 보면서 속이 타들어갔고
기도 시간에 멍하니 앉아 있는 모습을 볼 때면
"나는 지금 뭘 놓치고 있는 걸까?"
깊은 탄식을 한 적이 한 두 번이 아니었습니다.

믿음은 결국 다음 세대에게 물려줘야 할 유산인데
어딘가에서 끊어질 것만 같은 두려움
혹시 내가 그 마지막 신앙의 조상이 되는 건
아닐까 하는 그 무거운 마음을
저도 안고 살아왔습니다.

하지만 부모님!
우리의 믿음은 결코 헛되지 않습니다.
당신이 새벽마다 자녀들의 이름을 부르며
눈물로 올린 기도
식탁에서 짧게나마 손을 모은 기도
주일 아침 말없이 펼쳐놓았던 성경책
교회를 향해 걷던 여러분의 발걸음.
그 모든 삶의 조각들이 자녀들의 마음 한 구석에
지워지지 않는 흔적으로 새겨져 있습니다.
지금은 말하지 않아도
신앙의 씨앗은 하나님의 시간표 안에서
조용히 자라고 있습니다.
우리는 조급해 하지만 하나님은
보이지 않는 곳에서 여전히 일하고 계십니다.

그러니 부모님!
설교하려고 하지 마세요.
설득하려고 애쓰지 마세요.
대신 그저 살아내 주세요.
말보다 삶이, 지적보다 기도가,
통제보다 따뜻하게 품어주는 사랑이
자녀들의 마음에 더 깊은 울림을 줍니다.
그러면 자녀들은 부모님이 믿는
하나님을 만나게 될 것입니다.
저는 지금 병마와 싸우며 자녀들을 위한 기도가
더욱 간결해졌습니다.
"주님! 우리 자녀들을 붙들어 주세요.
주님이 주인 되어 주세요."
오늘 그 기도를 여러분과 함께 올려드립니다.

- 여전히 자녀를 위해 기도하는 한 아버지인 목사가

여섯 번째 편지

소리 없는 충성이
하늘을 울립니다

사랑하는 성도님!
당신의 이름은 주보에 자주 오르지 않습니다.
앞에 서는 일도 없고
누군가의 박수도 시선도 받지 못하고
조용히 교회를 지켜오셨지요.
하지만 저는 잘 알고 있습니다.
당신 같은 분이 우리 교회를
지탱해 오신 분이라는 것을 말입니다.

이른 새벽 언제나 그 새벽 자리를 지키시던 모습.
예배가 끝난 뒤에도 성경책이며
주보를 정돈하시던 모습.
사람들이 꺼려하는 화장실 청소를 마다하지 않으시며

환하게 웃던 모습.
그 모든 순간들이 우리 교회의 소중한
자산임을 기억합니다.
세상 사람들은 '누가 리더냐?',
누가 탁월하냐?'를 보지만
우리 하나님은 '누가 신실한가?'를 보십니다.
예수님은 성전에서 많은 헌금을 드린 부자를
주목하지 않으시고
두 렙돈을 드린 과부를 주목하셨지요.
그리고 말씀하셨지요.
"이 여인이 가장 많이 드렸도다."

성도님!
저는 당신을 생각할 때마다 그 과부의 모습을
떠올려 보곤 합니다.
소리 없이 헌신하고 묵묵히 자리를 지키는 믿음의 사람.
그리고 이런 기도를 드리게 됩니다.
"주님! 이분의 발걸음을 기억해 주세요.
그리고 하늘의 복으로 채워 주세요."
스스로 "나는 별로 하는 게 없는데"라고 생각하신다면

오늘 이 편지가 하나님의 음성처럼
들렸으면 좋겠습니다.
"잘하였도다. 착하고 충성된 나의 종아."
지금 하나님께서 당신에게 하시는 말씀입니다.

- 조용한 성도들의 믿음을 늘 존경해 온 목사가

일곱 번째 편지

소망은 아직
끝나지 않았습니다

"이제는 아무 기대도 없어요."
"기도해도 변하는 게 없어요."
"그냥 포기하고 싶을 때가 많아요."
이런 말들 참 오래도록 가슴에 남습니다.
소망은 종종 크게 무너지는 것처럼 보이지만
사실은 조금씩 그리고 조용히
아무도 모르게 사라져갑니다.
기도해도 응답이 없는 것 같고 변화는 더디기만 하고
기대하면 실망하고 소망을 품었다가 또 무너지고
그러다 어느 날 마음 한 구석에서
"나는 결국 안 될 거야"라는 문장을 써버리고 말지요.

사랑하는 성도님!
그러나 하나님은 한 번도 당신 안에서
소망을 놓으신 적이 없습니다.
우리가 지쳐 등을 돌린 그 시간에도
하나님은 여전히 당신의 이름을 부르시며
기다리고 계셨습니다.
"내가 너를 결코 버리지 아니하리라."
"내 말은 헛되지 아니하리라."
"내가 너와 함께하리라."

소망은 감정이 아닙니다.
소망은 믿음으로 선택하는 것입니다.
보이지 않아도 느껴지지 않아도
다시 말씀을 붙잡고 한 발을 내딛는 그 순간
소망의 불씨는 다시 살아납니다.
지금 당신이 깊은 어둠 속에 있다면
빛을 찾으려고 애쓰기 보다는 그 어둠 속에서도
하나님이 함께 계심을 믿어 보세요.
그 믿음이 바로 소망의 시작입니다.

병마와 싸우고 있는 지금
저는 많은 것을 포기해야 했습니다.
좋아하던 음식도, 설교도, 교회도, 운동도, 일상도.
하지만 소망만큼은 놓지 않으려 애쓰고 있습니다.
왜냐하면 소망은 하나님께서 여전히
나와 함께하시는 증거이기 때문입니다.
오늘도 저는 이렇게 기도합니다.
"주님! 사랑하는 이들의 마음에 다시
한 줄기 빛을 비추어 주세요.
희미한 숨결 속에서도
주님을 붙들 수 있도록 해주세요."

사랑하는 성도님!
다시 소망을 품을 수 있습니다.
왜냐하면 하나님은 아직도 당신을
붙들고 계시기 때문입니다.

- 끝까지 소망을 붙들고 있는 목사가

여덟 번째 편지

당신의 마지막은
주님의 시작입니다

"죽음이 두렵습니다."
"이제 얼마 남지 않은 것 같아요."
"마지막을 잘 준비할 수 있을까요."
이런 고백 앞에 저는 말을 아끼게 됩니다.
그 마음이 얼마나 무거운지
저 역시 점점 더 깊이 공감하며
배워가고 있기 때문입니다.

사람은 누구나 마지막 앞에서 작아집니다.
그 어떤 믿음의 사람도 죽음을 앞에 두고는
침묵하며 하나님만 바라보게 되지요.
저는 요즘 들어 이런 기도를 자주 드립니다.
"하나님! 두렵습니다. 그러나 두려움보다

더 크신 당신을 신뢰합니다."

사랑하는 성도님!
마지막이 두려운 건 당신이 연약해서가 아니라
그만큼 자신의 삶을 진심으로 살아냈기 때문입니다.
그래서 쉽게 놓을 수 없는 것입니다.
하지만 기억해 주세요.
우리의 마지막은 '끝'이 아니라
하나님 나라로 들어가는 첫걸음입니다.
우리는 무(無)로 사라지는 존재가 아니라
하늘 아버지께로 돌아가는 존재입니다.
그래서 죽음은 패배가 아닌 완성을 향한
순례의 마지막 계단입니다.
하나님은 당신의 눈물과
남은 시간을 채우는 기도를 소중하게 생각하십니다.
그분은 끝까지 함께하시는 분이시기 때문입니다.

"내가 사망의 음침한 골짜기를 다닐지라도
해를 두려워하지 않을 것은
주께서 나와 함께하심이라 주의 지팡이와 막대기가

나를 안위하시나이다"(시 23:4).

이 말씀이 오늘 당신의 마음 깊은 곳에
울리기를 기도합니다.
두려움을 몰아내는 믿음의 나팔소리처럼요.
그리 멀지 않은 날 우리 주님을 먼저 만나게 된다면
그 품이 얼마나 따뜻한지 그 평안이 얼마나 깊은지
꼭 당신께도 알려드리고 싶습니다.
마지막 순간이 다가올수록 이 고백을 되뇌고 있습니다.
"주님! 감사합니다. 지금까지도 그리고 영원히
저는 당신 손 안에 있습니다."

사랑하는 성도님!
죽음을 두려워하지 마십시오.
당신의 마지막은 끝이 아니라
하나님의 품 안에서 시작되는 영원입니다.

- 마지막을 준비하며 더 깊은 평안을 배운 목사가

아홉 번째 편지

무대 뒤의 수고를
하나님은 보십니다

주일 아침 먼저 예배당에 도착해서 본당을 정리하고
냉난방도 확인하며 분주하게 움직이던 당신의 모습을
하나님께서는 다 보고 계십니다.
봉사는 기쁨이자 특권이라고 말했지만
언제부턴가 그 말이 당신의 마음에
무겁게 들리기 시작했지요.
"이 일을 언제까지 해야 할까?"
"왜 나만 하고 있을까?"
그 마음 저도 너무나 잘 압니다.
저 또한 봉사에 손끝이 닳도록 헌신해 본 사람이라
한 번도 '고맙다'는 말을 듣지 못했던 날의 허전함이
어떤 것인지 잘 압니다.
그런데 결국 이런 진리에 도달했습니다.

사람은 잊어도 하나님은 결코 잊지 않으신다.

"너희 수고가 주 안에서 헛되지 않은 줄을 알라"
(고전 15:58).

당신의 그 수고가 눈물 섞인 섬김이
작은 기도와 묵묵한 인내가
하나님의 기억 속에 영원히 새겨져 있습니다.
지금 너무 지쳐서 '그만두고 싶다'는 생각이 든다면
먼저 이렇게 말씀 드리고 싶습니다.
"잠깐 쉬어도 괜찮습니다."
쉼은 도망이 아니라
다시 시작하기 위한 회복의 시간입니다.
마르다처럼 일에 몰두하느라
정작 예수님 발 앞에 앉지 못했다면
지금이 바로 그 자리에 앉을 때입니다.
당신은 단순한 일꾼이 아닙니다.
하나님의 자녀요 주님의 친구이며
그분의 소중한 동역자입니다.
사람들이 알아주지 않아도 오히려

하나님만 아시는 헌신이라면
그것이 더 깊은 영광 아닐까요?
지친 당신의 손을 붙잡아 줄 분이 계십니다.
그분이 오늘도 말씀하십니다.

"수고하고 무거운 짐 진 자들아 다 내게로 오라
내가 너희를 쉬게 하리라"(마 11:28).

당신은 더 이상 혼자가 아닙니다.
주님이 오늘도 당신을 위로하고 계십니다.

- 교회에서 지친 한 봉사자의 마음으로
  당신을 위로하는 목사가

열 번째 편지

어두울수록 당신은
더 빛납니다

이 편지를 쓰고 있는 제 마음 한 구석이
아릿하게 저려옵니다.
왜냐하면 당신이 어디에도 쉽게 기대지 못한 채
홀로 이 믿음을 붙들고 있다는 걸 어렴풋이나마
짐작하기 때문입니다.
직장에서 신앙적인 이야기를 꺼냈다가
"요즘도 교회 다녀?"라며 눈총을 받기도 하고
친구들 사이에서는 "교회 다니면 밥이 나오냐?"는
비아냥도 들어야 했지요.
가정에서조차 당신의 믿음이
이상한 고집이나 지나친 열심으로
여겨졌을지도 모릅니다.
광신도처럼 낙인찍혀 얼마나 외로웠을지

그 마음을 다 헤아릴 수는 없지만
한 가지는 분명히 말씀드릴 수 있습니다.
당신은 지금 잘 견디고 있습니다.
그리고 누구보다 믿음을 잘 살아내고 있습니다.

예수님도 세상 한복판에서
이해받지 못한 채 조롱당하며 그 길을 걸어가셨습니다.
지금 홀로 믿음을 지키고 있는 당신을
가장 잘 아시는 분도 예수님이십니다.
그분은 이렇게 말씀하십니다.

"세상이 너희를 미워하거든 먼저
나를 미워한 줄을 알라"(요 15:18).

그러니 부디 잊지 마세요.
당신은 지금 혼자가 아닙니다.
세상에서 믿음을 지켜가는 또 다른 이들과
보이지 않게 연결되어 있습니다.
밤마다 눈물로 기도하는 사람들,
점심시간에 조용히 성경책을 펼치는 사람들,

예배당 뒷자리에 앉아 작은 목소리로 "아멘"하며
눈을 감는 사람들
그들도 당신처럼 말없이 외로움을 견디며
하나님 나라의 증인으로 살고 있습니다.

"너희는 세상의 빛이라 산 위에 있는 동네가
숨겨지지 못할 것이요"(마 5:14).

외로워 보여도 작아 보여도 당신은 분명히 빛입니다.
그 빛은 다른 이들을 비추고 때로는
그들의 길을 밝혀주는 등불이 됩니다.
그러니 오늘도 그 자리에서 묵묵히 빛을 비춰주세요.
말이 아니라 당신의 존재로.
그리고 꼭 기억하세요.
당신이 걸어가는 그 길을
우리 주님도 함께 걷고 계십니다.

- 홀로였던 순간에 오히려 더 깊이 하나님을
  만났던 목사가

열한 번째 편지

멀어진 건
하나님이 아니었습니다

"하나님이 정말 살아 계신가요?"
이 말이 입 밖으로 나오기 전에
당신은 이미 수없이 속으로 이 말을
되뇌었을지도 모르겠습니다.
고물가와 늘어나는 교육비에 살림살이는 빠듯하고
직장에서 스트레스는 끝이 없고
신앙과 기도도 우선순위에서 밀려나고
'사는 게 먼저'인 하루를 오늘도
간신히 버텨내고 계시지요.
그렇게 말씀 한 줄 읽을 틈도 없이
기도 한 마디 드릴 힘도 없이
하루를 보내고 맞이하게 되는 밤.
그 마음을 정말 깊이 이해합니다.

저 역시 그런 수많은 밤을 지나왔습니다.
그때 하나님께 원망의 기도를 드린 적이 있었습니다.
"하나님! 왜 저에게 이렇게 팍팍한 삶을 주셨나요?"
"하나님! 정말 저와 함께 하시나요?"
얼마의 시간이 지난 후에 하나님께서 제 마음에
속삭이듯 말씀하셨습니다.
"내가 너를 떠난 것이 아니라
네가 내 목소리를 듣기 어려웠던 거란다."

사랑하는 성도님!
하나님은 지금도 당신 곁에 계십니다.
매일 삶의 무게가 버거워 나만의 계산기를 두드리며
내일을 걱정하던 그 자리에도
주님이 함께하고 계셨습니다.

"그런즉 너희는 먼저 그의 나라와 그의 의를 구하라
그리하면 이 모든 것을 너희에게 더하시리라"(마 6:33).

이 말씀은 현실을 외면하라는 뜻이 아닙니다.
당장의 형편보다 하나님을 먼저 신뢰할 때

삶을 이기는 새로운 시선이 열린다는
하나님의 약속입니다.

우리는 여전히 해결되지 않은 문제들 앞에 서 있습니다.
하지만 문제 속에서도 주님은
"네가 아직도 나를 붙들고 있구나"하시며
당신의 믿음을 귀하게 여기십니다.
삶이 너무 팍팍해서 기도가 나오지 않는다면
그저 한 숨을 기도 한 줄로 주님께 올려보세요.
"주님! 너무 힘들어요."
그 한 마디면 충분합니다.
하나님은 그 짧은 당신의 고백을 들으십니다.
그 기도 안에 담긴 지친 마음과 꺼지지 않은 믿음을
우리 주님은 다 헤아리시는 분이십니다.
오늘도 묵묵히 버텨낸 당신을 향해 주님은
눈물 섞인 사랑으로 말씀하십니다.
"수고했다, 내 사랑하는 자들아."

- 팍팍한 인생길에서 하나님의 따스한 동행을
  경험한 목사가

열두 번째 편지

용서는 나를 위한 은혜입니다

"용서해야 한다는 건 알아요.
하지만 아직도 너무 아파요."
이 고백 앞에 저는 그 어떤 반박도 할 수 없습니다.
왜냐하면 용서는 머리로는 알지만
마음으로는 훨씬 더 어려운 일이라는 것을 말입니다.
저 역시 너무나도 잘 알고 있습니다.
어쩌면 지금도 당신은 그 사람의 말투 하나
표정 하나가 떠올라
잊고 싶어도 잊히지 않는 밤을 보내고 있을지 모릅니다.
그때의 상처가 엊그제 일처럼 선명하게 밀려오고
"내가 왜 먼저 용서해야 하지?
정작 그 사람은 아무렇지도 않게 잘만 사는데."
이런 억울한 마음이 속에서 끓어오르기도 하지요.

이해합니다. 그건 참으로 정당한 분노입니다.
그 상처는 쉽게 아물지 않고
그 고통은 결코 가벼이 여겨질 수 없습니다.

하지만 사랑하는 성도님!
용서란 상대를 위한 일이기보다
나 자신을 위한 은혜의 문과 같습니다.
용서한다고 해서
당신이 겪은 고통이 없던 일이 되는 것은 아닙니다.
하지만 용서하기로 결단하는 순간
그 상처로부터 붙잡힌 내 영혼이
비로소 자유로워짐을 느낍니다.
예수님께서는 십자가 위에서
상처 입은 몸으로 배신당한 마음으로
이렇게 말씀하셨습니다.

"아버지 저들을 사하여 주옵소서 자기들이 하는 것을 알지 못함이니이다"(눅 23:34).

지금 이 순간에도 예수님의 용서가
당신에게 흘러오고 있습니다.
우리 안에는 누군가를 용서할 힘이 없습니다.
하지만 우리를 먼저 용서하신
주님의 은혜 안에서는
그 은혜를 용서로 흘려보낼 수 있습니다.
용서는 감정이 회복된 후에 하는 것이 아니라
믿음으로 먼저 내딛는 한 걸음입니다.
그리고 그 걸음을 내디딜 때
하나님은 반드시 기억하십니다.
당신의 마음에 새로운 평안과 깊은 자유를
부어주실 것입니다.
그 사람이 변하지 않아도 괜찮습니다.
세상이 몰라줘도 괜찮습니다.
당신은 지금 용서를 선택함으로써
하나님 앞에서 더 깊은 사랑의 사람으로
자라가고 있으니까요.

오늘 이 편지가
당신의 굳게 닫힌 마음의 문을 살며시

두드리길 기도합니다.
"내가 너를 용서한 것처럼 너도 용서하거라."
주님은 지금도 그 사랑의 음성으로
당신을 부르고 계십니다.

- 용서를 배우는 길에서 아직도 서투른 목사가

에필로그

나는 여전히
교회를 사랑합니다

나는 여전히 교회를 사랑합니다.
이 책을 쓰는 내내
내 안에 남은 마지막 힘과 진심을 다해
수많은 얼굴들을 떠올렸습니다.
함께 울며 기도했던 동역자들
이름 없이 교회를 지탱해 주셨던 성도들
그리고 내가 사랑했고 때로는 미안했던 사람들.
무언가를 더 이루지 못한 채
갑작스레 병마를 마주하게 되면서
내 안에서 낭패감도 있었고 허무함도 있었습니다.
하지만 그보다 더 깊고 절실한 물음이 있었습니다.

내가 마지막으로 무엇을 남길 수 있을까?
그래서 글을 쓰기 시작했습니다.
잘 쓴 글이 아니라 진심을 담은 편지였습니다.
만약 이 편지를 통해 한 사람이라도
위로를 받는다면 그것으로도 충분합니다.

사랑하는 후배님들!
저는 이제 물러나야 할 시간이 다가오지만
당신은 더 뜨겁게 더 치열하게
목회자의 길을 걸어가야 할 분들입니다.

사랑하는 성도님들!
나는 이제 설교하고 심방하던 일들을
예전처럼 감당하긴 어렵겠지만
당신은 여전히 세상에서
하나님을 예배하는 살아 있는 교회입니다.
주님의 교회는 여전히 살아 있고
복음은 여전히 능력이며

하나님의 나라는 이 시간에도
우리 안에서 자라고 있습니다.
이 편지들 가운데
당신의 마음에 남는 한 문장이 있다면
그것이 저의 마지막 설교가 되기를 바랍니다.
그리고 다 전하지 못한 사랑은
성령 하나님께서 여러분의 마음 깊은 곳에
조용히 남겨 두시길 말입니다.

이제 마지막으로 기도합니다.
이 책을 읽는 한 분 한 분이
그리스도의 향기를 전하는 편지가 되기를 말입니다.
이 짧은 편지가 당신의 인생 여정에서
잠시 머물러 쉴 수 있는 의자가 되기를 말입니다.

- 주의 몸된 교회를 너무도 사랑한 윤창규 목사 드림

부록

사랑받는 목사라서
행복합니다

박건욱 목사 _ 현대교회 담임

윤창규 목사님을 보면서 참 스케일이 큰 사람이라는 생각을 하곤 합니다. 그는 웬만해선 사람들을 모두 품습니다. 마치 바다가 온갖 종류의 물을 다 받아들이듯이 그는 많은 사람들을 잘 포용합니다. 어떨 때는 목사님의 스케일에 놀라움을 금치 못합니다. 저도 꽤 큰 사람이 되려고 노력하는 편인데도 윤창규 목사님은 나의 생각을 넘어설 때가 한두 번이 아닙니다. 그가 스케일이 큰 이유는 무엇일까? 나는 그 또한 하나님의 은혜라 생각합니다. 그가 그렇게 큰 사람이 된 것은 하나님이 그에게 은혜를 베푸셨기 때문입니다.

배명원 목사 _ 강남중앙교회 담임

기댈 수 있는 사람이 옆에 있다는 것은 큰 행운이었습니다. 형님처럼 든든했습니다. 형님을 통해 많은 것을 배웁니다. 목회의 긍정과 부지런함을 배웁니다. 성도를 대하는 사랑과 따뜻함을 배웁니다. 이웃을 대하는 섬김과 희생을 배웁니다. 모든 것을 억지가 아닌 당연함으로 여긴 그 마음을 배웁니다. 형님의 기쁨과 아픔을 기억합니다. 교회를 건축하고 이웃을 위해 교회가 어떤 역할을 해야 할지 기쁨으로 소개하던 그 모습을 기억합니다. 교회의 분열이 누구보다 분통했겠지만 용서하고 겸손을 가르치신 하나님께 감사하던 그 모습을 기억합니다.

김찬곤 목사 _ 안양석수교회 담임

나의 친구 윤창규 목사는 하나님을 사랑하고 하나님의 나라를 위하여 꿈꾸며 하나님의 영광을 위하여 생명을 드리기 소망하는 사람임을 잘 알고 있습니다. 그 누구보다 하나님의 교회가 바로 서기를 소망하고 한국 교회의 새로운 부흥을 이루기를 갈망하는 친구임에 틀림없습니다.

박선원 목사 _ 평화교회 담임

목사님을 처음 뵌 순간 참으로 오뚜기 같은 목사님이구나 하는 생각이 들었습니다. 넘어져도 힘들어도 지치지 않는 모습으로 다시 일어서시며 또 일어서셔서 용기 있게 앞으로 전진하는 그 모습에 깊은 감명을 받았습니다. 뿐만 아니라 목사님은 언제나 긍정적 마인드를 갖고 계신 분입니다. 대화를 나누다 보면 힘이 나고 용기가 생기는 것은 왜 그럴까요?

이억희 목사 _예닮교회 담임

나의 친구 윤창규 목사를 만난다는 것은 기대와 설렘으로 시작됩니다. 한 번 만나면 하루의 뿌리가 뽑힐 때까지 희희낙락하며 밤낮을 지냈습니다. 특별한 주제 없는 얘기를 하염없이 나누며 허물없이 지내왔고, 만난 후 머릿속에 남는 말은 변함없는 우정입니다. 안 보면 보고 싶고 봐도 별로 특별한 일이 없지만 그냥 만나는 것으로 충분했습니다. 기도할 때마다 부르는 이름 윤창규는 이렇게 좋은 친구입니다. 윤창규! 그는 부드러우면서도 강합니다. 배려하면서도 정확합니다. 앞장서는 만큼 헌신적이고 희생적입니다. 마음에 거리끼고 하기 싫은 일일수록 윤창규 목사는 항상 먼저 앞에 있습니다.

이철우 목사 _ 새빛교회 담임

꿈꾸는 자 윤창규, 그는 어둠 속에서도 빛을 찾는 사람이었습니다. 질병이 몸을 덮었을 때도 고통이 삶을 조여 올 때도 그는 말했습니다. "아직 끝이 아니야. 하나님은 여전히 나를 쓰신다." 그 말은 선언이었고 기도였으며 다시 피어나는 불꽃이었습니다. 그는 자신을 가리켜 돈키호테라고 합니다. 그의 말은 가끔 웃음을 자아내지만 그 삶은 언제나 우리의 가슴을 뜨겁게 했습니다.

조현민 목사 _ 대서울교회 담임

윤창규 목사님은 제게 그리고 저와 함께하는 많은 이들에게 하나님의 살아계심을 삶으로 증거하신 분입니다. 목사님의 삶은 언제나 신실하신 하나님을 신뢰하는 믿음 위에 세워져 있었습니다. 어떤 상황에서도 "능력 주시는 자 안에서 내가 모든 것을 할 수 있다"는 고백을 삶으로 살아내셨습니다. 어려움이 닥칠 때마다 먼저 믿음으로 반응하셨고 주님의 이름으로 선한 일을 시작하셨습니다.

윤남진 목사 _ 선한이웃교회 출신 교역자

저는 목사님의 배려로 교육전도사부터 시작해서 전입과 부목사까지 사역하면서 목회자로서 갖춰야 기본적인 자세를 배우고 경험할 수 있었습니다. 만약 그 배움과 경험이 없었다면 교회를 개척하고 낯선 곳에서 새로운 사람들과 목회한다는 것은 불가능했을지도 모릅니다. 윤창규 목사님은 한국 교회에 이름난 목회자는 아니지만 목사님은 목회자의 목회자 같은 분입니다.

황성연 목사 _ 선한이웃교회 부목사

천 개의 심장을 가지고 계신 듯 지칠 줄 모르는 체력으로 사랑 실천으로 지역 사회를 정복해 가시는 모습을 보고 있노라면 가나안 땅을 정복하는데 귀하게 쓰임 받았던 여호수아를 보는 듯합니다. 그러기에 늘 도전이 되고 닮고 싶은 롤 모델이 되시는 윤창규 목사님 존경하고 사랑합니다.

정태호 의원 _ 관악을 국회의원

대한민국은 선진국 중에서도 삶의 행복도가 가장 낮은 나라에 속합니다. 다른 선진국들이 평균 15%인 것에 비해 두 배나 낮습니다. 그만큼 정신적으로 빈곤국가입니다. 그래서 교회의 역할이 어느 때보다 중요합니다. 선한 이웃이 너무나 필요한 시대입니다. 목사님의 '선한 이웃' 철학이 한국 교회의 신뢰를 높일 수 있는 길이 아닐까 생각합니다. 힘들고 어려운 사람들의 든든한 이웃이 되고자 하는 목사님의 목회 철학이 그래서 든든하게 느껴집니다. 윤창규 목사님께서 우리 주민 곁에 오랫동안 있어 주기를 간절히 바라는 마음입니다.

조현섭 교수 _ 총신대 중독상담학과

어떻게 이런 일이 있을 수 있을까요? 심리학에서는 자신에게 닥친 상황을 긍정적으로 받아들이고 잘 헤쳐 나가는 능력을 회복탄력성이라고 말하는데 윤창규 목사님은 회복탄력성으로는 설명이 불가능합니다. 저는 이 모든 것을 뛰어넘는 하나님의 은혜와 축복이라고 확신합니다. 목사님은 항상 하나님 안에서 진실하고 은혜로우며 우리에게 모든 면에서 참 모범이 되시는 분입니다. 목사님께서 병마를 이겨내시고 한국 교회에 큰 변화를 일으키는데 새로운 획을 그을 수 있을 것이라고 확신합니다.

고복희 국장 _ 관악구 복지가족국장

윤창규 목사님은 정말 정열적이시고 추진력이 짱이십니다. 제가 신사동에 동장으로 있을 때 어려운 일이 있을 때마다 먼저 상의했던 분이 윤창규 목사님이셨거든요. 늘 자상하게 배려해 주시고 들어주시고 필요한 것들을 채워 주신 고마우신 목사님이십니다. 목사님 아프지 마시고 오랫동안 지역 사회에 큰 등불이 되어주세요.

이명숙 권사 _ 선한이웃교회

윤 목사님과 만난 지가 27년이 되었습니다. 사업에 실패하고 50세 가까운 나이에 서울에 무작정 올라왔습니다. 단돈 천 원도 없이, 빚만 3천만 원 떠안고 말입니다. 그때 윤 목사님을 만났고 하나님 나라의 큰 비전을 보게 되었고 긍정적인 마인드와 주님의 일을 우선순위에 두고 불도저와 같이 밀어붙이시는 모습에 저도 최선을 다했던 것 같습니다.

김종섭 장로/유종녀 전도사 _ 선한이웃교회

하나님 사랑과 이웃사랑으로 지역 사회에서 하나님 사랑을 전파하시는 윤창규 목사님은 하나님을 신뢰하는 믿음과 열정으로 호랑이, 불도저, 하나님 나라 돈키호테라는 별명까지 만들어 놓으신 분입니다. 목사님은 목회가 가장 행복한 일이라고 하시며 힘든 상황에서도 단 한 번 후회도 불만도 불평도 없이 늘 에너지 넘치게 신나는 목회를 해오셨습니다.

류옥순 권사 _ 선한이웃교회

목사님은 동네 어르신들께는 아들 같은 분이셨습니다. 어르신 공경하기를 부모님께 하시듯 하셨으니까요. 목사님은 아이들도 많이 사랑해주셨습니다. 하나님 사랑과 이웃사랑을 가르쳐 주셨고 그것을 또한 몸소 실천하신 분이셨습니다.

김송자 권사 _ 선한이웃교회

윤창규 목사님은 사랑이 많으시며 진취적이시며 성도들을 많이 사랑해 주시는 분이십니다. 성도들을 모시고 여행도 자주 다녀주시며 행복한 삶을 유지시켜 주시려고 노력하시며 부모님 공경을 강조하시는 효심이 강한 분이십니다. 리더십이 강하시며 이웃사랑 실천을 몸소 실행하시는 분이며 영혼을 사랑하시고 열정이 강하신 분이십니다. 자녀들을 사랑하시며 사랑하는 아들에게 신장도 기꺼이 내어주신 분이십니다. 말씀 가르치시는 열정이 너무 강하셔서 여행을 떠나는 차 안에서도 쉬지 않고 말씀을 강론하시며 선교지에서도 훈련을 시키시는 그런 목사님이십니다.

김지혜 집사 _ 선한이웃교회

"할 수 있다, 하면 된다, 해보자!" 선한이웃교회 교인이라면 누구나 다 아는 문장이 있습니다. 그 말을 듣고 있으면 문제가 문제 아닌 것처럼 느껴져 어려움을 능히 이겨낼 수 있었습니다. 5살 교회를 놀이터 삼아 매일같이 다녔던 어린아이가 두 아이의 엄마가 될 때까지 윤창규 목사님과 함께했습니다. 30년이 넘는 시간 동안 한 교회에서 목사님의 사역을 지켜봐 온 한 사람으로서 목사님은 하나님과 이웃을 사랑하고 하나님이 우리의 소망을 이루어 주실 것을 확신하며 늘 할 수 있다는 믿음으로 교회를 세상 속에서 든든히 세워나가셨습니다.

선규리 권사 _ 선한이웃교회

뇌종양 선고를 받고 힘든 상황에서도 전 교인을 버스에 태워 강화도 여행길에 오르는 기막힌 일을 교인들에게 선물하셨습니다. 여행 중 점심시간에는 어미 새가 새끼 새에게 먹을 것을 입 속에 넣듯이 교인들 한 분 한 분을 살뜰히 챙기셨습니다. 그 모습에 가슴이 찡하고 아픔을 느꼈습니다. 그것이 목사님께서 성도들을 사랑하는 또 하나의 삶의 방식이었습니다.